¡BRAVO, BRAVO! Level «Animales»

The materials for this level have been researched written, and developed by the *Editorial Department of Santillana, S.A.*, under the direction of **Antonio Ramos**. The following authors have participated:

MERCEDES GARCÍA LORENZO
FUENCISLA ISABEL SANZ

***Editorial Director:* CASTO FERNÁNDEZ DOMÍNGUEZ**
Managing Editor: PILAR PEÑA PÉREZ
Project Editor: VALENTINA VALVERDE RODAO
Illustrators: ANTONIO TELLO, BEATRIZ UJADOS

The authors and publisher would like to thank the following educators for their reviews of manuscript during the development of the project.

TIM ALLEN	*San Diego Unified School District, San Diego, California*
ELVA COLLAZO	*Board of Education, NY, New York*
DENISE B. MESA	*Dade County Public School, Miami, Florida*
MARTHA V. PEÑA	*Dade County Public School, Miami, Florida*
DR. SILVIA PEÑA	*University of Houston, Houston, Texas*
ANA PÉREZ	*Baldwin Park Unified School District, Baldwin Park, California*
CARMEN PÉREZ HOGAN	*NY State Dept. of Education, Albany, New York*
MARÍA RAMÍREZ	*NY State Dept. of Education, Albany, New York*
MARÍA DEL CARMEN SICCARDI	*Spanish TV Broadcaster, Washington, DC*
DR. ELEONOR THONIS	*Wheatland Independent School District, Wheatland, California*
NANCY B. VALDEZ DEL VALLE	*Dade County Public School, Miami, Florida*

Published in the United States of America
ISBN: 0-88272-862-8
Printed in Spain

Santillana Publishing Company, Inc. 257 Union Street, Northvale, NJ 07647

¡Bravo, bravo!

SPANISH FOR CHILDREN

La ciudad

ANIMALES - BOOK 3

CONTENIDO

Día del loro

Canta

Aprende

- ¿Qué te gusta más: cantar o bailar?
- Me gusta más bailar.

Escucha

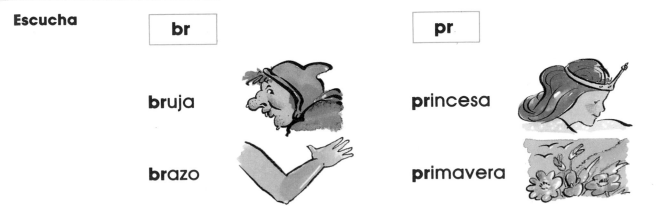

br		**pr**
bruja		**pr**incesa
brazo		**pr**imavera

5

LA CIUDAD

En la ciudad vive mucha gente.

La gente tiene relojes.

Las calles de la ciudad pueden ser peligrosas.

El aire no está muy limpio.

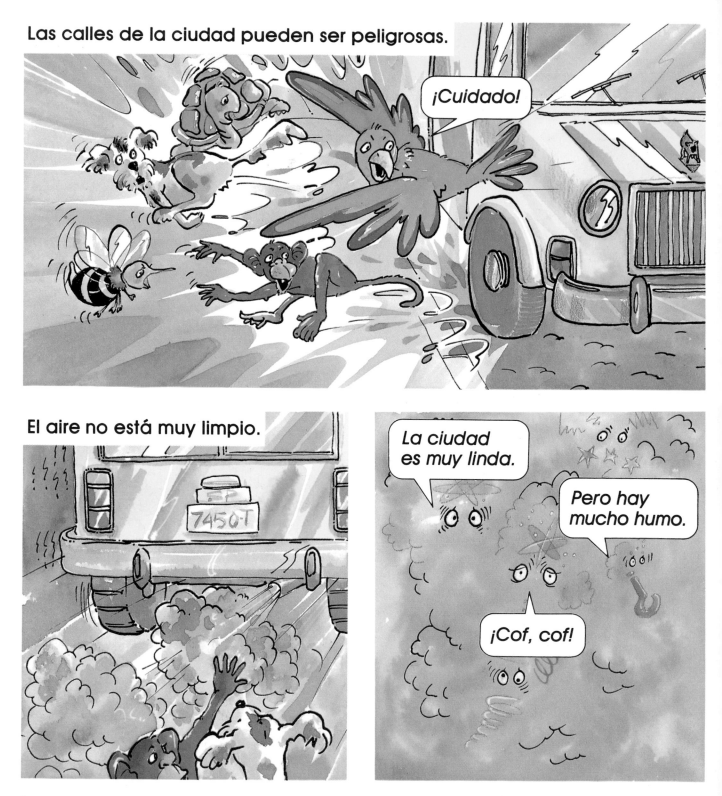

A nuestros amigos les gusta la ciudad, pero...

¿Qué te gusta más?

● *Observa y habla.*

Me gusta **más** la pera **que** el queso.

EL JAMÓN

EL QUESO

UN PEPINO

LA LECHE

UNA PERA

UN TOMATE

UN VASO DE JUGO

UNA BANANA

Me gusta **más** bailar **que** cantar.

CANTAR

LEER

PATINAR

JUGAR AL BÉISBOL

BAILAR

DIBUJAR

ESTUDIAR

- *Observa y completa.*

mucho   muy

Me gusta **mucho** el mono, es **muy** listo.

Me gusta ___ Juan, es ___ simpático.

Me gusta ___ la leche, es ___ buena.

Me gusta ___ ir en avión, es ___ rápido.

Me gusta ___ patinar, es ___ divertido.

11

¿Para qué sirve ... ?

- **Observa.**

¿Para qué sirve...

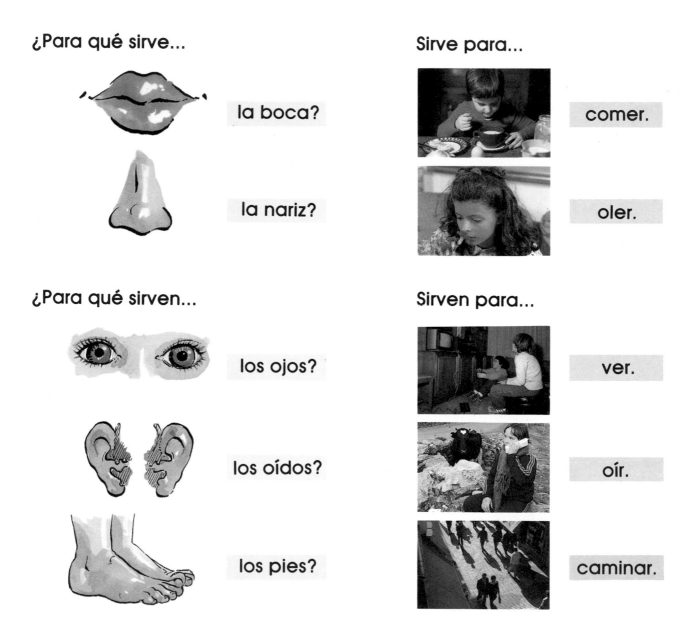

Sirve para...

la boca? — comer.

la nariz? — oler.

¿Para qué sirven...

los ojos? — ver.

los oídos? — oír.

los pies? — caminar.

Sirven para...

- **Ahora, pregunta a tu compañero o compañera.**

  - ¿Para qué sirve **la boca**? ■ **La boca** sirve para **comer**.

Juegos

13

- *Juega a «A Martita le gusta más ... ».*

UNA ABEJA

UNA BANANA

UN ÁGUILA

UNA GALLETA

UN BOCADILLO

UN RATÓN

UNA ARDILLA

AZÚCAR

UNA ZANAHORIA

VEGETALES

UNA OVEJA

A Martita le gusta más el **ratón.**

A Guadalupe le gusta más la **abeja.**

A Carlos le gusta más el **bocadillo.**

CARLOS

Martita

GUADALUPE

Voces y sonidos

- *Escucha y di el número.*

¿Qué te gusta más?

Día del perro

Canta

Aprende

- ¿Estás mal?
- Sí, me duele la cabeza.

Escucha

y	y

yate

yo

re**y**

Paragua**y**

Un nuevo amigo

La ciudad es difícil para los animales.

De repente...

El perro vuelve con sus amigos.

Pero los peligros no terminan.

Pero nuestros amigos no están solos. Desde un tejado un gato de la ciudad muy listo ve lo que pasa.

El gato se prepara y... ¡SALTA!

El gato corre el cerrojo.

Todos los animales están muy contentos. El perro está libre y, además, tiene un nuevo amigo.

¡Cuidado!
Los perros escapan.

Muchas gracias por tu ayuda.

De nada amigo...
¿Necesitan ustedes más ayuda?

FIN

¿Cómo es?

- **Observa y aprende.**

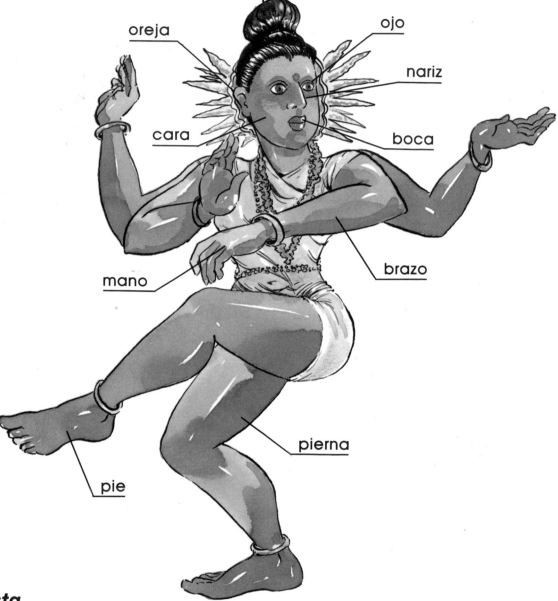

oreja

ojo

nariz

cara

boca

mano

brazo

pierna

pie

- **Contesta.**

¿Cuántas piernas tiene?

¿Qué tiene al final de las piernas?

¿Cuántos brazos tiene?

¿Qué tiene al final de los brazos?

¿Qué partes tiene la cabeza?

¿Cuántos dientes tienes tú?

20

- **Observa.**

UNA JIRAFA

UN LEÓN

UN LORO´

UNA MARIPOSA

- **Aprende.**

las patas

las alas

el pico

las plumas

- **Pregunta a tu compañero o compañera.**

¿Quién tiene pico?   ¿Quién tiene patas cortas?

¿Quién tiene alas?   ¿De qué color son las plumas del loro?

¿Quién tiene patas largas?   ¿De qué color son las alas de la mariposa?

¿Cómo estás?

- **Observa.**

| Estoy bien. | Estoy mal. | Tengo fiebre. | Me duele... |

- **Habla.**

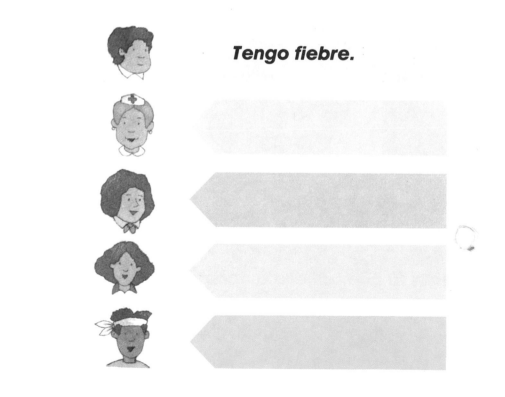

Tengo fiebre.

Juegos

- **Juega a «Yo digo ... ».**

Voces y sonidos

● *Escucha y di el número.*

24

Día de la tortuga

Canta

Aprende

- ¿Qué estás haciendo, Beatriz?
- Estoy jugando con Carlos.

Escucha

ein	ien

veinte

treinta

serpiente

valiente

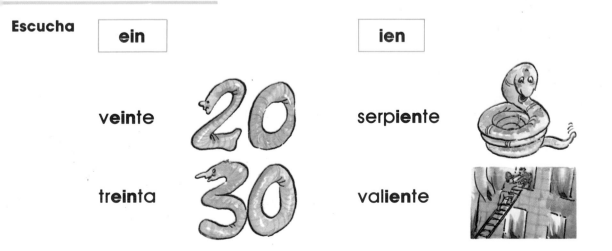

¿Qué estás haciendo?

- **Observa y lee.**

Estoy

haciendo...   jugando...   viendo...   bebiendo...

- **Completa.**

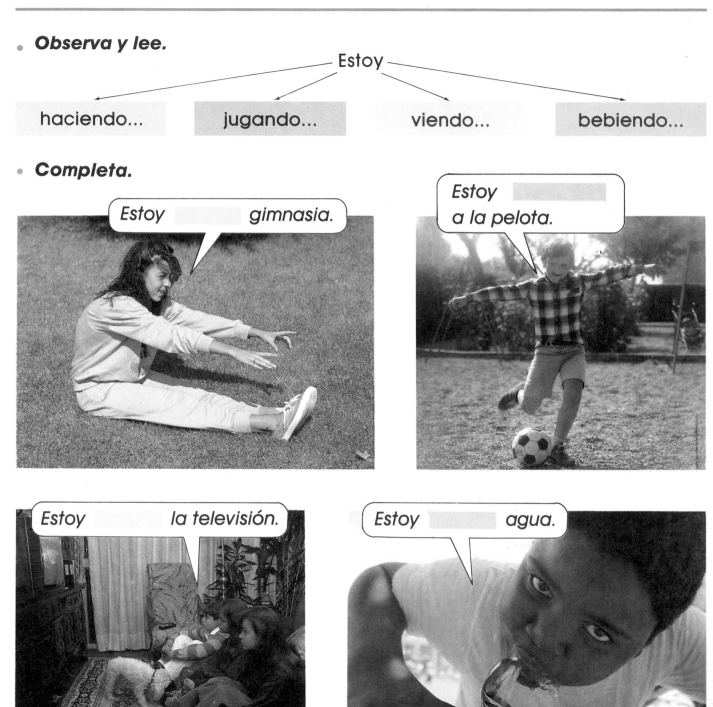

Estoy ▭ gimnasia.

Estoy ▭
a la pelota.

Estoy ▭ la televisión.

Estoy ▭ agua.

- **Completa.**

Estoy haciendo los deberes.

una manzana.

en bicicleta.

el piano.

un libro.

31

Yo sé … / Yo no sé …

● **Observa y lee.**

Yo sé montar a caballo.

Yo no sé montar a caballo.

● **Completa.**

dibujar.

dibujar.

tocar la guitarra.

tocar la guitarra.

Juegos

- Juega a ¿Qué estoy haciendo?

33

Voces y sonidos

Escucha, observa y contesta.

Día del mono

Canta

Aprende

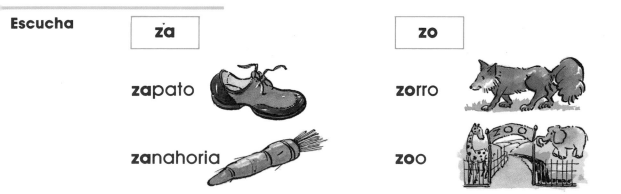

- ¿Qué vas a tomar?
- Voy a tomar pescado y un vaso de leche.

Escucha

za	zo

zapato

zanahoria

zorro

zoo

35

MUCHO DINERO

Mientras el mono sube, en la planta 38...

Señor director, hay una reunión importante.

Voy a ganar mucho dinero.

Al mono le gusta mucho la fruta.

El mono escapa con una banana
y un documento.

39

¿Qué vas a tomar?

● **Observa y lee.**

BOCADILLO DE JAMÓN

ENSALADA

UVAS

JUGO DE LIMÓN

PESCADO

CARNE

TORTA DE CHOCOLATE

TÉ

● **Completa.**

Voy a tomar un ⬚ y ⬚.

Voy a tomar ⬚ y ⬚.

Voy a tomar ⬚ y ⬚.

40

- **Observa y lee.**

¿Qué vas a comprar, Juan?

2 libras de tomates
1 libra de manzanas
1 lechuga
1 libra de carne
½ libra de pescado
1 bote de mermelada
1 botella de jugo de limón

- **Completa.**

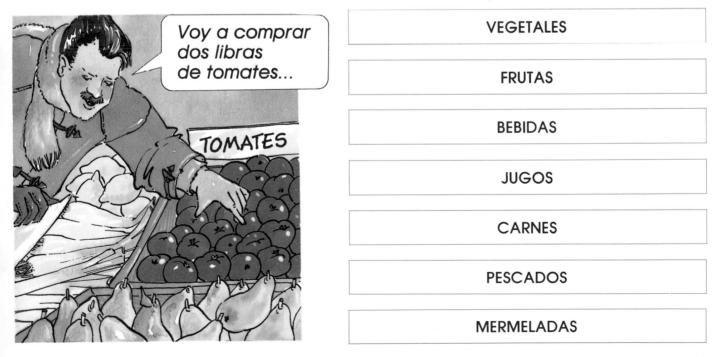

Voy a comprar dos libras de tomates...

TOMATES

VEGETALES
FRUTAS
BEBIDAS
JUGOS
CARNES
PESCADOS
MERMELADAS

Por favor, ¿me das ... ?

● *Observa, lee y habla.*

Tengo hambre.
Por favor,
¿me das una banana?

Tengo sed. Por favor,
¿me das un vaso
de agua?

42

Juegos

- *Busca los errores y habla con tu compañero o compañera.*

- En el dibujo **1** hay **dos** errores. ¿Qué errores son?
- **La torta y la banana.**

Voces y sonidos

- *Escucha y di el número.*

Día de la abeja

Canta

Aprende

● Por favor, ¿dónde está la plaza del Sol?

■ Allí, a la derecha.

Escucha

I	II
luna	lluvia
lazo	llave

Final feliz

Estamos en uno de los periódicos más importantes de la ciudad.

Los diarios publican la noticia.

La policía actúa.

Y desde entonces, los animales viven felices en el bosque, su casa.

¿Dónde está ... ?

- **Observa y lee.**

A la izquierda	En el centro	A la derecha

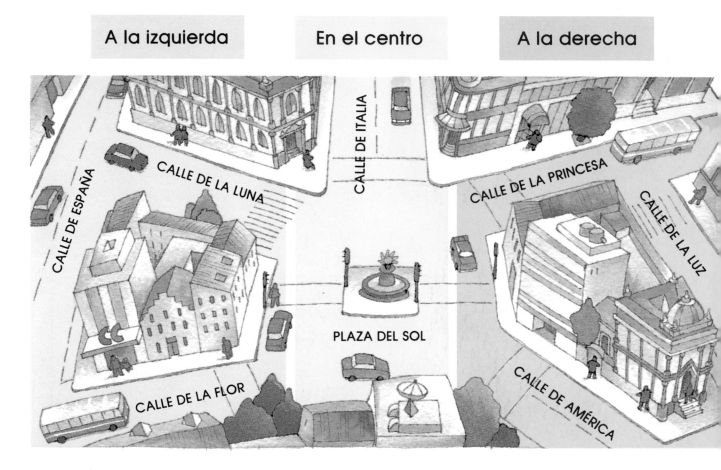

La calle de América esta **a la derecha.**

La calle de la Luna está **a la izquierda.**

La calle de Italia está **en el centro.**

- **Contesta.**

¿Dónde está la calle de España?   ¿Dónde está la calle de la Luz?
¿Dónde está la calle de la Princesa?   ¿Dónde está la calle de Italia?
¿Dónde está la plaza del Sol?   ¿Dónde está la calle de la Flor?

- *Observa.*

al lado — **del** supermercado

al lado — **de la** biblioteca

- *Practica con tu compañero o compañera.*

- ¿Qué hay en la calle de América?
- En la calle de América hay un cine.
- ¿Dónde está el cine?
- El cine está al lado del supermercado.

¿Adónde vas a ir ...?

- **Observa y lee.**

¿Adónde van a ir **el sábado** ?

El sábado voy a ir **al** cine.

Y yo voy a ir **a la** piscina.

- **Habla con tu compañero o compañera.**

¿Adónde vas a ir **el lunes** ?

_____ voy a ir _____ escuela.

¿Adónde vas a ir **el domingo** ?

_____ voy a ir _____ zoo.

¿Adónde vas a ir **el viernes** ?

_____ voy a ir _____ supermercado.

¿Adónde vas a ir **el miércoles** ?

_____ voy a ir _____ biblioteca.

Juegos

- **Juega con tu compañero o compañera.**

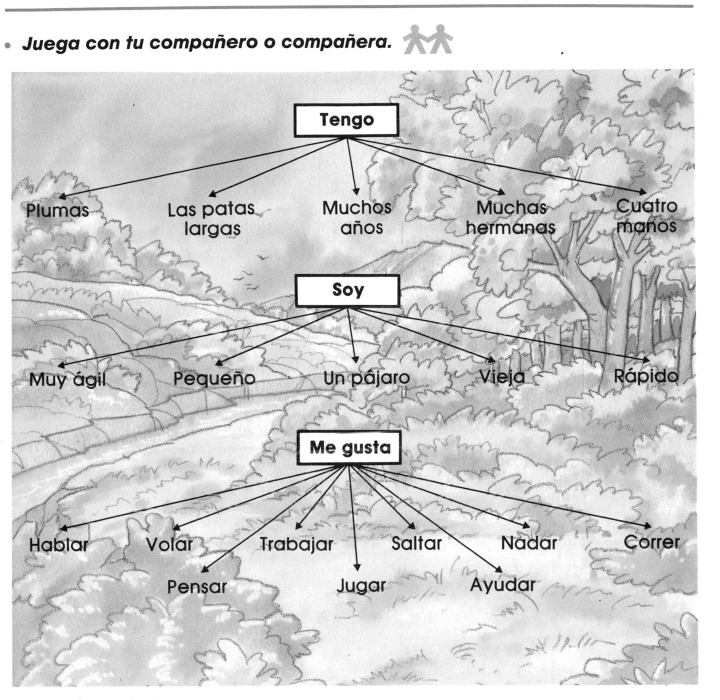

Tengo
- Plumas
- Las patas largas
- Muchos años
- Muchas hermanas
- Cuatro manos

Soy
- Muy ágil
- Pequeño
- Un pájaro
- Vieja
- Rápido

Me gusta
- Hablar
- Volar
- Trabajar
- Saltar
- Nadar
- Correr
- Pensar
- Jugar
- Ayudar

Alumno/a 1: **Tengo cuatro manos.**
Alumno/a 2: **Soy muy ágil.**

Voces y sonidos

- *Escucha, ordena con los colores y cuenta tú la historia.*

Complementos

Calles y caminos

Las ciudades tienen calles
y el campo tiene caminos...

Las ciudades tienen fábricas,
mucha gente, mucho ruido...

Y en el campo sólo se oyen
de los pájaros los trinos...

ELEONOR FARGUEON

Platero

Platero es pequeño, peludo, suave; tan blando
por fuera, que se diría todo de algodón, que no lleva
huesos (...)

Lo dejo suelto y se va al prado, y acaricia
tibiamente con su hocico, rozándolas apenas,
las florecillas rosas, celestes y gualdas... Lo llamo
dulcemente: «¿Platero?», y viene a mí con un trotecillo
alegre...

Come cuanto le doy. Le gustan las naranjas
mandarinas, las uvas moscateles, todas de ámbar,
los higos morados, con su cristalina gotita de miel...

J. R. JIMÉNEZ
Premio Nobel

Mi diccionario

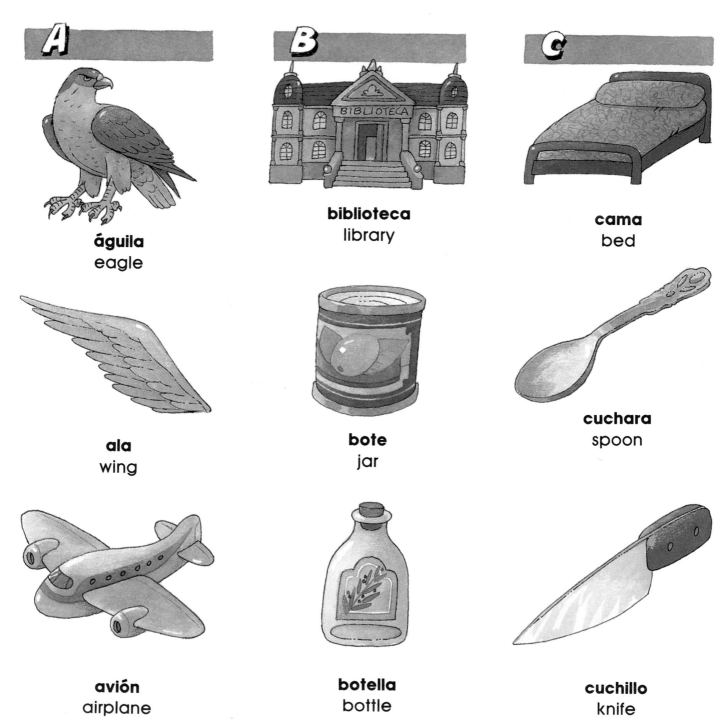

A

águila
eagle

ala
wing

avión
airplane

B

biblioteca
library

bote
jar

botella
bottle

C

cama
bed

cuchara
spoon

cuchillo
knife

58

D

descansar
to rest

dinero
money

G

galleta
cookie

H

hamburguesa
hamburger

heladería
icecream parlor

hueso
bone

J

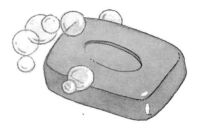

jabón
soap

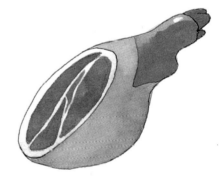

jamón
ham

jugo
juice

L

lazo
bow

león
lion

librería
bookstore

limón
lemon

LL

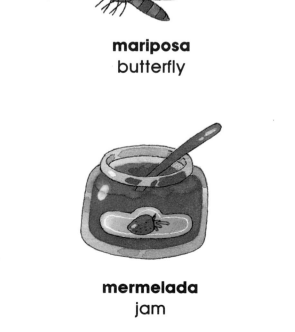

llave
key

M

mariposa
butterfly

mermelada
jam

O

oler
to smell

P

pasta dentífrica
toothpaste

pata
paw

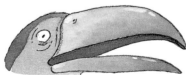

pico
beak

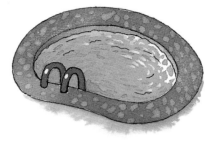

piscina
swimming-pool

pluma
feather

ratón
mouse

rey
king

saltar
to jump

taza
cup

té
tea

tenedor
fork

uvas
grapes

vegetales
vegetables

violín
violin

61

Vocabulario activo

Palabras que aparecen ocho o más veces en el Libro 3.

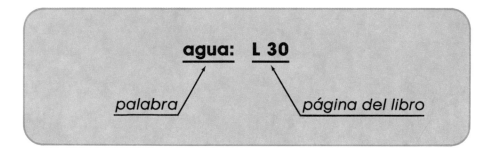

agua: **L 30**

palabra → ← *página del libro*

A

a: L 13
abeja: L 13
agua: L 30
al: L 10
amigos: L 16
animales: L 49
árbol: L 47

B

banana: L 10
biblioteca: L 51
bosque: L 9

C

calle: L 50
ciudad: L 53
comer: L 12
cómo: L 20
con: L 25
cuándo

D

de: L 6
del: L 5
derecha: L 45
día: L 5

dibujar: L 10
dinero: L 36
dónde: L 45
duele: L 15

E

el: L 9
en: L 7
es: L 9
escuela: L 52
está: L 6
estás: L 15
estoy: L 17

F

favor: L 42

G

gusta: L 5

H

haciendo: L 25
hay: L 18

I

ir: L 11
izquierda: I 50

J

jugar: L 10

L

la: L 6
las: L 20
leer: L 10
loro: L 5
los: L 12

M

más: L 5
me: L 5
mono: L 11
montar: L 32
mucho: L 6

N

nadar: L 53
no: L 18

O

o: L 5 - C 10

P

para: L 7
patas: L 21
patinar: L 10
pelota: L 31
perro: L 15
pierna: L 20
por: L 42

Q

que: L 10
qué: L 5
quién: L 21

S

sé: L 32
sirve: L 12
soy: L 26

T

tarta: L 40
te: L 5
tengo: L 22
tienda: L 51
tiene: L 20
tomar: L 35
tortuga: L 25
tú

U

un: L 10
una: L 10

V

vas: L 35
vaso: L 10
voy: L 16

Y

y: L 8
yo: L 15